LUIS Y MIA

Editora: L. J. Zimmerman
Diseñador: Matthew Allison

ISBN: 9781501874277

PACP10542323-01

18 19 20 21 22 23 24 25 26 27 — 10 9 8 7 6 5 4 3 2 1

IMPRESO EN LOS ESTADOS UNIDOS DE NORTEAMÉRICA

Recuerdo el día en el que conocí a mi mejor amiga Mia. Era un día frío en el otoño. Todos jugaban pelota, menos yo.

I remember the day I met my best friend, Mia. It was a cold day in the fall. Everyone was playing kickball, except me.

Era mi primer año en la escuela y yo era un poco tímido; de hecho casi no hablaba. Un día mientras veía jugar a los demás en el recreo, se me acercó Mia.

It was my first year at school, and I was a little shy. I didn't talk much. One day when I was watching the other kids play at recess, Mia came up.

—Escuché qué tal vez no estés aquí por mucho tiempo, ¿verdad?, —Mia preguntó.

Me sentí confuso y le pregunté: —¿Que quieres decir?

Ella dijo: —Pues es que escuché que las personas como tú tenían que regresar a su país.

"I guess you won't be here much longer, right?" she asked.

I felt confused. "What do you mean?" I asked.

She said, "I heard people like you have to go back to where you came from."

En ese momento me sentí confundido, asustado y triste al pensar que algo malo le fuera a pasar a mi familia.

At that moment, I felt confused and sad. I was scared that something would happen to my family.

Así que me di la vuelta y me fui. Entonces empecé a preocuparme y a pensar tantas cosas como ¿por qué tendría que regresar a México? ¿Por qué mi familia no se podía quedar aquí?

So I turned around and left. I began to worry. Why would I have to go to Mexico? Why couldn't my family stay here?

Para el momento en que mi papá vino a recogerme de la escuela, yo estaba realmente preocupado. Le platiqué a papá lo que Mia me había dicho.

By the time my dad picked me up from school, I was really worried. I told Dad what Mia said.

—Papá ¿por qué tenemos que regresar a México?, —le pregunté.

Vi a papá pensar por un momento y me contesto: —Si te hizo ese comentario no creo que haya querido ofenderte, ni herir tus sentimientos. Es más, creo que debes platicar este asunto con tu mamá. Ella te lo explicará mejor.

"Dad, why do we have to go back to Mexico?" I asked.

Dad thought for a moment. "If she said that, I don't think she meant to offend you or hurt your feelings. I think you should talk about this with your mom. She'll explain it better."

7

Cuando llegamos a casa, mi mamá y mi abuelita estaban en la cocina preparando tortillas, y les ayudé como siempre lo hago.

When we got home, my mom and my grandma were in the kitchen making tortillas, and I helped them like I always do.

Noté que mamá me miraba cuidadosamente mientras yo amasaba la masa. Entonces me preguntó: —Luis, ¿qué te pasa? Te noto triste, ¿quieres platicar?

—Mamá, hoy en la hora del recreo una niña me dijo que teníamos que regresar pronto a México, me asusté un poco y me puse triste.

La abuelita al escucharme dijo: —Luis, ve a lavarte las manos para cenar.

—Sí, abuelita, —le respondí.

I noticed Mom watching me carefully as I was kneading the dough. Finally, she asked, "Luis, what's wrong with you? You seem sad. Do you want to talk?"

I told her, "Mama, today at recess a girl told me that we have to go back to Mexico soon, so I got a little scared and sad."

"Luis, go wash your hands for dinner," Abuelita said.

"Yes, Abuelita," I replied.

9

Mi abuelita dijo a mi mamá:
—Hijita, aprovecha esta oportunidad que Dios te pone para platicar con tu hijo y recordarle quién es él y las promesas de Dios para su vida.

Abuelita told my mom, "Hijita, take this opportunity that God has given you to talk with your son. Remind him of who he is and God's promises for his life."

Mamá se sentó conmigo y trajo con ella una foto de la abuelita y del abuelito cuando vivían en México. Me explicó que todos ellos solo querían lo mejor para mi hermanita y para mí. Por eso ellos habían arriesgado todo para darnos una mejor vida. Ella me dijo que aunque Mia había herido mis sentimientos, yo tenía que aprender a perdonar y amar a los demás, tal como lo hizo Jesús por mí.

Mom asked me to come sit with her. She showed me a picture of Abuelita and Abuelito from when they were in Mexico. She explained that they all wanted the best for me and my little sister, and that's why they risked everything to give us a better life. She told me that even though Mia hurt my feelings, I needed to learn to forgive and love others, just as Jesus did for me.

Mira hijo, —me dijo mamá. —Dios nos tiene en la palma de su mano y no nos dejará solos, no importa que seamos inmigrantes.

—¿Qué es un inmigrante, mamá?, —pregunté.

—Un inmigrante es una persona que se mueve de su país de origen a otro para iniciar una mejor vida, así como nosotros. Tú no eres inmigrante porque naciste aquí, —agregó abuelita.

"Look, hijo," Mom said, "God has us in the palm of God's hand and won't leave us alone. It doesn't matter if we're immigrants."

"What's an immigrant, Mama?"

"An immigrant is a person who moves from their home country to another to start a better life, just like us. You're not an immigrant because you were born here," Abuelita explained.

Luego mamá me preguntó:
—Sabías que hay historias
en la Biblia que hablan
acerca de inmigrantes?

Esa noche nos sentamos en
la sala todos y abuelita nos
habló de la historia de Rut
y Noemí y de cómo ellas
tuvieron que dejar su país
porque no había suficiente
comida.

Then Mom asked, "Did you
know there are stories in the
Bible about immigrants?"

That night, Abuelita told
us the story of Ruth and
Naomi, and how they had to
leave their country because
there wasn't enough food.

—Hijo, las personas dejan sus países por muchas razones —mamá explicó. Algunas veces, porque no tienen comida, como en la historia de Rut y Noemí. Otras veces, porque hay guerras y necesitan huir, como en nuestro caso, con la esperanza de una mejor vida y un nuevo comienzo —dijo mamá.

"Hijo, people leave their countries for many reasons," Mom explained. "Sometimes, because they don't have enough food, like in the story of Ruth and Naomi. Sometimes, because there are wars and they need to run. Sometimes, like us, they hope for a better life and a new beginning."

14

—Gracias mamá por hacer eso por mi hermanita y por mí —le dije.

—Pero claro, hijo. No debes de sentirte mal porque nos sentimos felices de darles lo mejor —mamá me lo recordó.

Esa noche, me fui a la cama y le di gracias a Dios por mi familia, y por mi amiga Mia también.

"Mom, thanks for doing that for me and my little sister," I said.

"Of course, son. You don't have to feel bad because we were happy to do it for you," Mom reminded me.

That night, as I went to sleep, I thanked God for my family, and for my friend, Mia, too.

Al día siguiente, a la hora del almuerzo, me senté solo en la cafetería. Aunque estaba sin nadie a mi alrededor, no me sentía solo. En realidad me gustaba ver a los niños y a las niñas reír y platicar mientras comían juntos.

The next day at lunchtime, I sat in the cafeteria by myself. Even though I sat alone, I wasn't lonely. I really liked to watch the other kids eat together and joke around.

17

Vi a Mia venir hacia mí. Noté que Mia estaba
un poco nerviosa y que sacaba algo de su bolsillo.

—Siento mucho lo que te dije ayer, no fui buena
amiga pero, ¿sabes qué? Quiero serlo. Así que
hice este brazalete para ti. Pensé que podíamos
ser amigos.

I saw Mia coming toward me. I noticed that she
looked a little nervous and was taking something
out of her pocket.

"I'm sorry for what I said yesterday," Mia began.
"I wasn't being a very good friend. But you know
what? I want to be. So I made this bracelet for
you. I thought we could be friends."

Me sorprendí mucho, ya que Mia me estaba regalando un brazalete que ella había hecho especialmente para mí.

—¡Estos son mis colores favoritos! —exclamé—. Gracias, Mia.

—Entonces…¿amigos? —dijo Mia extendiendo su mano.

—Amigos —le dije.

I was so surprised that Mia made a bracelet especially for me!

"These are my favorite colors!" I exclaimed. "Thank you, Mia."

"So . . . friends?" Mia asked. She held out her hand.

"Friends," I said.

—Luis, ¿te puedo preguntar algo?, —dijo Mia con un poco de timidez.

—Sí, —le contesté.

—¿Eres inmigrante?

—No, pero mis padres sí lo son.

"Luis, can I ask you something?" Mia asked shyly.

"Sure," I responded.

"Are you an immigrant?" she asked.

"No," I replied, "but my parents are."

Así que le comencé a platicar de cómo fue que mis papás decidieron dejar su país, sus trabajos y sus familias y venir a los Estados Unidos para que mi hermanita y yo tuviéramos una mejor vida.

So I told her about how my parents decided to leave their country, their jobs, and their families to come to the United States so my little sister and I could have a better life.

21

Después de ese día, Mia y yo nos hicimos mejores amigos. Comíamos juntos, y jugábamos en el recreo y después de la escuela.

After that day, Mia and I became best friends. We had lunch together and played together at recess and after school.

Un día invité a Mia a mi casa para cenar. Ahí conoció a mi mamá, a mi papá y a mi abuelita quien le enseñó a hacer tortillas. Estaban deliciosas, como siempre.

One day I invited Mia to my house for dinner. She met my mom, dad, and abuelita. Abuelita even taught her how to make tortillas! They were delicious, like always.

Mia pensó que era genial que yo viviera con mi abuelita.

—Si —estuve de acuerdo con ella, —pero luego le pregunté: —¿Acaso tu abuelita no vive en tu casa?

—No, ella vive en Michigan, —dijo Mia.

Me pareció muy raro que su abuelita viviera tan lejos. Entonces pensé: —¿En dónde queda Michigan?

Mia thought it was so cool that I lived with Abuelita.

"Yeah," I agreed. But then I wondered, "Wait, don't you live with your abuelita?"

"No, she lives in Michigan," Mia said.

I thought it was strange that Mia's grandmother lived so far away. Then I thought, Where is Michigan?

De la misma manera, algunas veces Mia me invitaba a cenar en su casa. Y para mí era muy extraño ver al papá, a su hermano Max y a Mia cocinado juntos, y cenando antes de que la mamá de Mia llegara a casa del trabajo.

—Mia, —le pregunté. ¿Dónde está tu mamá?

—Ella está en el trabajo, —dijo Mia—. Es enfermera en un hospital, y llega a casa hasta las 8 ó 9 de la noche.

—¿Y la extrañas cuando no está aquí? —le pregunté.

—Sí, —Mia se encogió de hombros—, pero en sus días de descanso, ella pasa mucho tiempo con nosotros.

Sometimes, Mia invited me to her house for dinner too. It was very strange to me to see Mia, her brother Max, and her dad cooking together and eating dinner before Mia's mom was home from work.

"Where's your mom?" I asked.

"She's at work," Mia said. "She's a nurse at a hospital. She won't get home until 8 or 9."

"Do you miss her when she's not here?" I asked.

"Yeah," Mia shrugged, "but we hang out a lot on her days off."

25

Hoy en día, nuestras familias pasan mucho tiempo juntas en el parque haciendo *picnics*. A Mia, a Max y a mí nos gusta mucho jugar a la pelota.

Nowadays, our families have picnics in the park together. Mia, Max, and I like to play soccer.

Y en las noches cuando oro, siempre le doy gracias a Dios por Mia y su familia. Creo que yo estaría triste si no nos hubiéramos hecho amigos.

At night when I pray, I always thank God for Mia and her family. I think I would be sad if we hadn't become friends.

Ayer, nuestra maestra nos presentó a un nuevo alumno a la clase. Su nombre es Samir, y acaba de llegar a Nashville.

Yesterday, our teacher introduced a new student to the class. "Everyone, this is Samir. He has just moved to Nashville."

La maestra preguntó al grupo si había alguien que quisiera darle la bienvenida a Samir y enseñarle la escuela. Mia y yo nos miramos y sonreímos. Así que levantamos la mano al mismo tiempo.

Our teacher asked if anyone would like to show Samir around and make him feel welcome. Mia and I looked at each other and grinned. Our hands shot up.

Samir parecía más tranquilo. Fuimos al frente del salón de clase para darle la bienvenida.

—Hola, mi nombre es Luis, —le dije.

—Y yo soy Mia. Bienvenido a Nashville.

Samir looked relieved. We went up to the front of the room to introduce ourselves.

"Hi, my name's Luis."

"And I'm Mia. Welcome to Nashville."

MIA AND LUIS

Editor: L. J. Zimmerman
Designer: Matthew Allison

ISBN: 9781501874277

PACP10542323-01

18 19 20 21 22 23 24 25 26 27 — 10 9 8 7 6 5 4 3 2 1

MANUFACTURED IN THE UNITED STATES OF AMERICA

I remember the day I met my best friend, Luis. It was a cool day in the fall. Everyone was playing kickball. Everyone, except Luis.

Recuerdo el día en el que conocí a mi mejor amigo Luis. Era un día frío en el otoño. Todos jugábamos pelota, menos Luis.

1

He seemed different. This was his first year at our school. He didn't talk much. I wondered if he spoke English. I'd heard that people like Luis wouldn't be here much longer. I decided to ask him.

Él se veía diferente. Era su primer año en la escuela y no hablaba mucho. Hasta llegué a pensar que él no sabía hablar inglés. Un día escuché que a la gente como Luis se le acababa el tiempo para quedarse en este país. Decidí preguntarle.

"I guess you won't be here much longer, right?" I asked.

Luis looked confused. "What do you mean?" he asked.

I told him, "I heard people like you have to go back to where you came from."

—Oye, escuché qué tal vez no estés aquí por mucho tiempo, ¿es verdad?, —le pregunté.

Luis parecía confundido. —¿Qué quieres decir?, —contestó.

Le dije: —Pues es que escuché que "la gente como tú tenía que regresar a su país".

Luis looked away. I knew I'd hurt his feelings. He looked like he was about to cry.

Luis miró hacia otro lado. Me dí cuenta de que yo había herido sus sentimientos. Es más, hasta parecía que iba a llorar.

4

Luis turned and walked away. I felt hot inside. Why did Luis get so upset? Why wouldn't he want to go back to his home?

Luis se dio la vuelta y se fue. Entonces, empecé a sentir como calor dentro de mí y me pregunté: ¿Por qué Luis se enojó tanto? ¿Por qué no desearía regresar a su país?

After school, I rode the bus home with my big brother, Max. I told him about my conversation with Luis.

Después de la escuela, me fui en el autobús con mi hermano Max a casa. Y le platiqué la conversación que había tenido con Luis.

"What's his problem, anyway?" I asked. "I just asked a simple question."

Max thought for a second and said, "I think I understand why Luis was upset. You should ask Dad about it tonight."

—¿Cuál es su problema?, —pregunté—. Sólo le hice una pregunta sencilla, —dijo Mia.

Max pensó por un momento, y dijo: —Creo que entiendo por qué Luis se sintió nervioso. Deberías preguntarle a papá, en la noche, sobre esta conversación.

That night, we made pizza for dinner. I helped sprinkle the cheese on the pizza. That was my favorite part.

Esa noche preparamos pizza para cenar. Yo ayudé a poner el queso a la pizza. Esa es mi parte favorita.

I turned to Dad.

"Dad, can I ask you something?"

"Yes, Mia?"

"If I hurt someone's feelings, but I didn't mean to, what should I do?"

_____

Me dirigí a papá y le dije:

—Papá, ¿puedo preguntarte algo?

—Sí, Mia, claro.

—Si he herido los sentimientos de alguien sin ser esa mi intención, ¿qué debo hacer?

I told Dad about what I said to Luis. Dad said that Americans have many different skin colors and speak many different languages. He said Luis might have been born in Nashville, just like me!

Entonces le platique a papá lo que le había dicho a Luis. Papá me dijo:

—Mira Mia, los estadounidenses tienen diferentes tonos de piel, y hablan diferentes idiomas. Talvez Luis nació en Nashville, igual que tú, ¿no crees?

"But you know, Mia, it doesn't matter whether Luis and his family were born here or are immigrants. It's our job to show everyone love and kindness."

"What's an immigrant?" I asked.

Max chimed in, "An immigrant is someone who moves here from another country."

"Did you know there are stories about immigrants in the Bible?" Dad asked.

—Pero, ¿sabes una cosa Mia?, no importa si Luis y su familia nacieron aquí o son inmigrantes. Es nuestro deber mostrarles a todas las personas amor y bondad.

—Papá, ¿qué es un inmigrante?

Max al oír eso respondió:

—Un inmigrante es alguien que se muda aquí desde otro país.

—Mia, ¿sabías que en la Biblia hay historias de inmigrantes?, —me preguntó papá.

After dinner, Dad read me the story of Ruth and Naomi. They each had to leave their home country because there wasn't enough food there.

Después de cenar, papá me leyó la historia de Rut y Noemí, y de cómo tuvieron que dejar su país debido a la falta de comida.

"People leave their home countries for lots of reasons," Dad explained. "Sometimes, they don't have enough food, like Ruth and Naomi. Sometimes, there's a war and they have to flee. Other times, people are hoping for a better life and a fresh start."

—La gente deja sus países de origen por muchas razones, —explicó papá—. A veces no tienen suficiente comida, como Rut y Noemí. Otras veces hay guerras y tienen que huir. En otras ocasiones, la gente tiene la esperanza de tener una vida mejor e iniciar un nuevo comienzo.

I tried to imagine what it would be like to leave home for good. "It sounds scary. I wouldn't want to leave our country," I said.

"It can be hard and sometimes scary. That's why it's important to be kind and welcoming to immigrants who come to live here."

———————————

Traté de imaginar cómo sería dejar la casa para siempre.

—Suena aterrador. No me gustaría irme de nuestro país, —dije.

—Debe ser muy difícil y puede dar mucho miedo. Es por esto que es importante ser bondadosos y amables con los inmigrantes que vienen a vivir aquí, —dijo papá.

That night, I thought about Luis for a long time.
I asked God to help me find a way to show love
and kindness to Luis.

Just as I was falling asleep, it came to me. I knew
what I was going to do.

Esa noche, pensé en Luis por mucho tiempo.
Le pedí a Dios que me enseñara a encontrar la
manera de demostrar amor y bondad a Luis.

Justo cuando me estaba quedando dormida, tuve
una idea y supe lo que tenía que hacer.

The next day, I looked for Luis in the cafeteria at lunchtime. I saw him sitting by himself on the other side of the room.

As I walked toward him, I felt a knot in my stomach. I was so nervous!

Al día siguiente, busqué a Luis en la cafetería a la hora del almuerzo. Lo vi sentado solo al otro lado de salón.

Mientras caminaba hacia él, sentí como que se me hacía un nudo en el estómago. ¡Estaba tan nerviosa!

I asked Luis if I could sit with him. He looked nervous, but he said yes. I pulled out the friendship bracelet I'd made that morning.

"I'm sorry for what I said yesterday," I began. "I wasn't being a very good friend. But you know what? I want to be. So I made this bracelet for you. I thought we could be friends."

Al llegar le pregunté a Luis si me podía sentar con él. Lo veía nervioso, pero me dijo que sí. Entonces, saqué de mi bolsillo el brazalete de la amistad que había hecho esa mañana para él.

—Siento mucho lo que te dije ayer, —comencé. No fui una buena amiga pero, ¿sabes qué?, quiero serlo, así que hice este brazalete para ti. Pensé que podíamos ser amigos, —le dije.

18

Luis's eyes lit up.

"These are my favorite colors! Thank you, Mia," he said.

"So . . . ," I asked, "friends?"

"Friends," he said.

Los ojos de Luis se iluminaron.

—Estos son mis colores favoritos! Gracias, Mia, —dijo.

—Entonces…¿amigos?, —le pregunte.

—Amigos, —dijo Luis.

I remembered what Dad said about how Luis might have been born in Nashville, just like me.

"Luis, can I ask you something?"

"Sure," Luis responded.

"Are you an immigrant?" I asked.

"No," said Luis, "but my parents are."

Recordé lo que mi papá había dicho acerca de que tal vez Luis había nacido aquí en Nashville, como yo, así que le pregunté:

—¿Te puedo preguntar algo?

—Sí, —respondió.

—¿Eres inmigrante?

—No, —dijo Luis—, pero mis padres sí lo son, —comentó.

20

Luis told me about his mom and dad, and how they decided to leave their home, their jobs, and their families to come to the United States so that Luis and his younger sister could have a better life.

Luis me platicó de sus papás y de cómo decidieron dejar su país, sus trabajos y sus familias para venir a los Estados Unidos para que Luis y su hermanita tuvieran una mejor vida.

After that day, Luis and I became best friends. We ate lunch together and played together at recess and after school.

Después de ese día, Luis y yo nos hicimos mejores amigos. Comíamos juntos y jugábamos juntos en el recreo y después de la escuela.

One day Luis invited me over to his house for dinner. I got to meet his mom, dad, and abuelita. His abuelita showed me how to make tortillas! They were so delicious.

Un día Luis me invitó a su casa para cenar. Ahí conocí a su mamá, a su papá y a su abuelita. Su abuelita hasta me enseñó a hacer tortillas. ¡Estaban tan deliciosas!

I told Luis, "It's so cool that you live with your abuelita."

"Yeah," he agreed. Then he furrowed his eyebrows. "Wait, don't you live with your abuelita?"

"No, she lives in Michigan," I said.

Le dije a Luis:

—Es genial que vivas con tu abuelita.

—Sí, —estuvo de acuerdo. Luego frunció el ceño y me dijo:

—Espera, ¿no vives con tu abuelita?

—No, ella vive en Michigan, —le dije.

24

Luis sometimes came to my house for dinner. He thought it was weird that my dad, Max, and I cooked dinner and ate while my mom was at work.

"Where's your mom?" he asked.

"She's at work," I told him. "She's a nurse at a hospital. She won't get home until 8 or 9."

"Do you miss her when she's not here?" Luis asked.

"Yeah," I shrugged, "but we hang out a lot on her days off."

Luis algunas veces venía a mi casa también a cenar. Para él era muy raro ver a mi papá, a Max y a mí cocinado, así como también que comiéramos mientras mi madre estaba en el trabajo.

—Mia, ¿ y tu mamá?, —me preguntó Luis.

—Ella está en el trabajo. Es enfermera en un hospital. Llega a casa a eso de las 8 ó 9 de la noche.

—¿Y la extrañas cuando no está aquí?, —me preguntó.

—Sí, —me encogí de hombros—, pero en sus días de descanso, ella pasa mucho tiempo con nosotros, —le dije.

Nowadays, our families have picnics in the park together. Luis, Max, and I like to play soccer.

Hoy en día, nuestras familias pasan mucho tiempo juntas en el parque haciendo *picnics*. A Luis, a Max y a mí nos gusta mucho jugar a la pelota.

When I say my prayers at night, I always thank God for Luis and his family. I would be sad if they weren't around anymore.

Y en las noches cuando oro, siempre le doy gracias a Dios por Luis y su familia. Creo que yo me sentiría muy triste si no los pudiera volver a ver.

Yesterday, our teacher introduced a new student to the class. "Everyone, this is Samir. He has just moved to Nashville."

Ayer la maestra nos presentó a un nuevo niño en la case. Dijo:

—Atención todos. Su nombre es Samir. Acaba de llegar a Nashville.

Our teacher asked if anyone would like to show Samir around and make him feel welcome. Luis and I looked at each other and grinned. Our hands shot up.

La maestra preguntó a la clase si había alguien que quisiera darle la bienvenida y enseñarle la escuela a Samir. Luis y yo nos miramos y sonreímos. Así que levantamos la mano al mismo tiempo.

Samir looked relieved. We went up to the front of the room to introduce ourselves.

"Hi, my name's Luis."

"And I'm Mia. Welcome to Nashville."

Samir se relajó y se sentó cerca de nosotros.

Hola, mi nombre es Luis.

Y yo soy Mia. Bienvenido a Nashville.